Kreativset
Paracord

Armbänder & Deko selbst geknüpft

INHALT:

Abkürzungen und Schwierigkeitsgrad	2
So geht's	3
Drei stylische Armbänder	9
Lampenschirm im Retro-Look	12
Einkaufsnetz mit Neongriff	14
Haarschmuck mit Blickfang	16
Armbänder in zartem Grau-Lila	18
Bunte Reißverschluss-Anhänger	21
Schlüsselanhänger „Shrimpy"	22
Raffiniertes Armband	24
Kleine Statement-Kette	26
Handtaschenriemen im Ethno-Look	28
Hippe Hülle fürs Glas	30
Impressum	32

SCHWIERIGKEITSGRAD:

leicht

mittel

schwer

ABKÜRZUNGEN:

arb	arbeiten
F	Faden/Fäden
fortl.	fortlaufend
JK	Josefinenknoten
Kf	Knüpffaden/-fäden
kn	knüpfen
KrK	Kreuzknoten
KroK	Kronenknoten
Lf	Leitfaden/-fäden
li	links, linke
R	Reihe(n)
Rd	Runde(n)
re	rechts, rechte
RiK	Rippenknoten
ÜK	Überhandknoten
wdh	wiederholen

So geht's
KNÜPFEN MIT PARACORD

Paracord ist ein dünnes, sehr glattes Kunstfaserseil, das aus einem meist einfarbigen Kern und einer farbigen Ummantelung aus Nylon oder Polyester besteht. Ursprünglich wurde es als Seil (Cord) bei Fallschirmen (Parachute) verwendet, findet aber heute auch als Allzweck-Seil z. B. im Outdoor-Bereich vielseitige Verwendung. Im Kreativbereich ist es derzeit eines der beliebtesten Knüpf-Materialien, denn es ist in vielen kräftigen Farben und auch mehrfarbig gemustert erhältlich und damit hervorragend geeignet zum Knüpfen knalliger Armbänder, praktischer Anhänger, robuster Netze und origineller Deko-Stücke für die Wohnung.

Allgemeine Hinweise
Der Einfachheit halber werden in den Anleitungen im Buch alle Knüpfmaterialien als „Fäden" (F) bezeichnet, egal ob es sich dabei um Paracord-Schnur oder andere Materialien handelt.

In den Anleitungen hinten im Buch werden verschiedene Abkürzungen benutzt, z. B. Kf für Knüpffaden, Lf für Leitfaden und kn für knüpfen. Alle Abkürzungen können Sie auf Seite 2 nachschlagen.

Hilfsmittel und Werkzeug
Neben dem Paracord selbst sollten Sie die folgenden Dinge im Haus haben, da sie für die meisten Modelle benötigt und in den Materiallisten nicht nochmals gesondert erwähnt werden:

- Ein Feuerzeug, um die Enden von Paracordfäden zu verschmelzen und damit die Knüpfarbeit abzuschließen.

- Ein Maßband, um Fadenzuschnitte abzumessen.

- Eine kleine, scharfe Schere zum Ab- und Zuschneiden des Paracords.

- Eine Knüpfunterlage, um das Modell während der Arbeit festzustecken. Am besten eignet sich mit hellem Baumwollstoff bezogener, ca. 5 cm dicker, fester Schaumstoff oder Styropor®. Für kleine Arbeiten können Sie auch z. B. eine Nackenrolle oder ein ähnliches Objekt mit festem Schaumstoffkern als Unterlage benutzen.

- Große Stecknadeln mit rundem Kopf oder T-Nadeln, um die Knüpfarbeit auf der Unterlage zu fixieren.

RUND UM DIE KNÜPFARBEIT
Vorbereitung

Lesen Sie vor Beginn der Arbeit an einem Modell einmal die Anleitung in Ruhe durch und bereiten Sie alle benötigten Materialien so vor, dass Sie alles greifbar haben, was Sie brauchen. Sollten Sie noch nie geknüpft haben, üben Sie am besten die einzelnen Knoten anhand der Schritt-für-Schritt-Anleitung hier im Grundlagenteil zunächst mit einem Paracord-Rest, bevor Sie sich daran machen, das Modell zu knüpfen.

Größere Flächen beginnen

Bei einigen Modellen und generell, um größere Flächen zu knüpfen, werden die Fäden vor Beginn der Arbeit in einen Träger, z. B. einen weiteren Faden, eingehängt. Dafür den Faden doppelt legen und um den Träger herum die Fadenenden durch die Schlaufe stecken, wie auf der Abb. zu sehen.

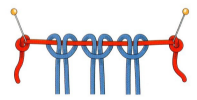

Flächen knüpfen

Um Flächen wie z. B. Netze zu knüpfen, wird in versetzten Reihen bzw. Runden gearbeitet. Dafür werden ab der zweiten Reihe bzw. Runde jeweils für einen neuen Knoten die Hälfte der Fäden eines Knotens der Vorrunde/-reihe und die Hälfte der Fäden des nächstens Knotens der Vorrunde/-reihe verwendet. Die Abb. zeigt ein Beispiel für versetzt geknüpfte Kreuzknoten.

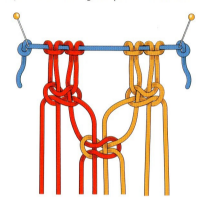

Leitfaden und Knüpffaden

Beim Knüpfen gibt der Leitfaden (Lf) die Richtung vor, der Knüpffaden (Kf) wird um den Leitfaden gelegt bzw. geknüpft. Innerhalb eines Models können Leit- und Knüpffaden wechseln. Geschieht dies, findet sich jeweils ein Hinweis in der Anleitung.

Beenden der Knüpfarbeit

Haben Sie ein Modell beendet, verschmelzen Sie die Enden der Paracord-Fäden sehr vorsichtig über einer Flamme, damit sie nicht ausfransen, z. B. mit einem Feuerzeug. Auch ein Knoten am Ende kann so verschmolzen werden. Da Paracord sehr glatt ist, würden die Knoten sich sonst nach einer Weile wieder öffnen. Wichtig: Halten Sie die Flamme nicht zu dicht ans Fadenende, sonst wird es schwarz. Üben Sie zur Sicherheit zu Anfang mit einem Paracord-Rest.

DIE WICHTIGSTEN KNOTEN

Der Überhandknoten

Der Überhandknoten (ÜK) ist einer der einfachsten Knoten beim Knüpfen. Es handelt sich dabei um die Fachbezeichnung für das, was wir im Alltag unter *dem* Knoten – wie zum Schuhe zubinden – verstehen. Dafür mit einem Fadenende eine Schlaufe bilden und das andere Fadenende hindurchschieben, festziehen.

Überhandknoten

Rippen- und Wendeknoten

Diese Knoten bestehen aus zwei sogenannten halben Schlägen, bei denen ein Knüpffaden um einen Leitfaden herumgeschlungen und dann mit sich selbst überkreuzt und schließlich festgezogen wird. Werden beide halbe Schläge in dieselbe Richtung geknüpft, wechselt der Knüpffaden die Seite. Dadurch entsteht entweder ein rechter oder linker sogenannter Rippenknoten (RiK).

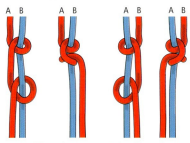

rechter Rippenknoten   linker Rippenknoten

Bei einem Wendeknoten wird der Knüpffaden dagegen einmal von rechts nach links und einmal von links nach rechts (oder entsprechend umgekehrt) um den Leitfaden gelegt, sodass er nach dem Wendeknoten wieder auf der Ausgangsseite liegt. Jeden der halben Schläge gut festziehen.

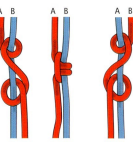 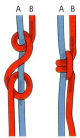

rechter Wendeknoten   linker Wendeknoten

Der Kreuzknoten

Für einen Kreuzknoten (KrK) benötigen Sie vier oder mehr Fäden, die nebeneinanderliegen. Die mittleren Fäden B und B bilden hier die Führung (= Leitfäden), um sie wird geknüpft. Die Anzahl der Leit- und Knüpffäden kann beliebig erhöht werden. Es können halbe oder ganze Kreuzknoten geknüpft werden. In den Anleitungen im Buch ist, sofern nicht anders bezeichnet, mit Kreuzknoten (KrK) immer ein ganzer Kreuzknoten gemeint.

1. Faden A über die Fäden B und unter Faden C legen. Dann Faden C hinter die Fäden B und auf der gegenüberliegenden Seite über Faden A führen. Jetzt die Fadenenden anziehen. Abb. 1 zeigt einen halben Kreuzknoten (er kann auch gegengleich mit Faden C begonnen werden).

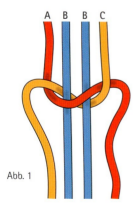

Abb. 1

2. Nun Schritt 1 gegengleich ausführen. Dafür Faden A (liegt nun auf der rechten Seite) über die Fäden B und auf der linken Seite unter den Faden C legen. Dann Faden C hinter den Fäden A und B und rechts durch die Schlaufe von Faden A hindurchführen. Abb. 2 zeigt einen ganzen Kreuzknoten. Fadenenden anziehen.

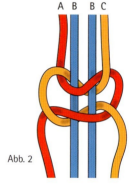

Abb. 2

3. Die Schritte 1 und 2 wiederholen, bis die gewünschte Länge erreicht ist. Abb. 3 zeigt zwei ganze Kreuzknoten untereinander.

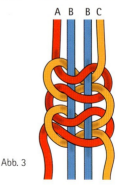

Abb. 3

Variante Kreuzknoten mit Drehung

Wenn der Kreuzknoten nur in eine Richtung ausgeführt wird, also ein halber Kreuzknoten auf den anderen folgt (= Schritt 1 bzw. 2), dann beginnt sich die Knotenreihe spiralförmig nach rechts oder links zu drehen.

Der Kronenknoten

1. Mithilfe des Kronenknotens (KroK) wird eine runde, dreidimensionale Schnur geknüpft. Daher arbeitet man diesen i.d.R. nicht flach, sondern am besten in der Hand. Verwenden Sie vier Knüpffäden in einer, zwei oder mehr Farben und knoten Sie diese an einem Ende zusammen. Um den Knoten eine Faust schließen, die Knüpffäden schauen oben heraus. Die Fäden in vier Richtungen auseinanderlegen (Abb. 1). Wer lieber auf einer Fläche arbeitet, legt die Fäden kreuzförmig vor sich aus.

2. Für den ersten Kronenknoten nun den grünen Faden (A) schräg über den roten (B) legen (siehe Abb. 2), den roten über den grünen und blauen (C) klappen und den blauen über den roten und gelben (D).

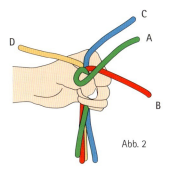

Abb. 2

3. Zuletzt den gelben Faden über den blauen legen und durch die Schlaufe des grünen ziehen (siehe Abb. 3).

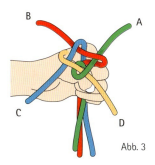

Abb. 3

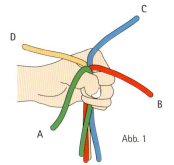

Abb. 1

4. Die Fadenenden anziehen; es entsteht ein quadratischer Knoten (Abb. 4). Schritt 2 bis 4 beliebig oft wiederholen.

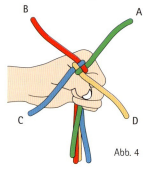

Abb. 4

Josefinenknoten

Der Josefinenknoten (JK) wird im Prinzip wie eine Brezel gelegt. Zunächst mittig in den Faden eine Schlaufe machen und die Fadenenden unten überkreuzen (rechts über links). Dann das rechte Fadenende nach oben biegen, das linke in einem Bogen über die erste Schlaufe legen und unter dem rechten Fadenende hindurchführen (Abb. 1).

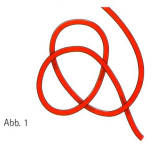

Abb. 1

Nun das rechte Fadenende unter der rechten Seite der ersten Schlaufe hindurchschieben, über den Bogen des linken Fadens und dann unter der linken Seite der ersten Schlaufe hindurchführen. Zuletzt auf der anderen Seite wieder über den Bogen des linken Fadens legen, wie auf der Abbildung zu sehen.

Abb. 2

Danach den Knoten festziehen. Der Josefinenknoten lässt sich auch mit doppelt oder mehrfach gelegtem Faden arbeiten.

Drei stylische Armbänder

MATERIAL:

Armband in Blau-Schwarz:
Paracord in Mittelblau, ø 4 mm, 60 cm lang
Paracord in Schwarz, ø 4 mm, 200 cm lang

Armband in Dunkelblau-Grau:
Paracord in Dunkelblau, ø 4 mm, 125 cm lang
Paracord in Hellgrau, ø 4 mm, 125 cm lang
Klickschnalle aus Kunststoff, 4 cm lang, 2 cm breit

Armband in Grau-Pink:
Paracord in Pink, ø 4 mm, 250 cm lang
Paracord in Hellgrau, ø 4 mm, 250 cm lang
1 Buchschraube, vernickelt, Schaftlänge 20 mm, ø Schaft 5 mm

Außerdem:
kleine Flachzange
Stricknadel

SCHWIERIGKEITSGRAD:
GRÖSSE: Blau-Schwarz: ca. 22 cm lang oder nach Wunsch
Dunkelblau-Grau: ca. 20 cm lang oder nach Wunsch
Grau-Rosa: 20–25 cm lang oder nach Wunsch

ANLEITUNG:
Armband in Blau-Schwarz

1. Den blauen F mittig zu einer Schlaufe legen und so auf einer Knüpfunterlage befestigen, dass beide F-Enden übereinander liegen. Der blaue Doppel-F dient als Lf, die Schlaufe später als Verschluss.

2. Nach 3 cm den F aus schwarzem Paracord quer unter dem blauen Doppel-Lf platzieren, sodass die schwarzen F re und li gleich lang sind. Dann 1 KrK um den Lf kn und gut festziehen.

3. Nun abwechselnd 1 halben KrK über den unteren blauen F und 1 halben KrK über beide blaue F arb. Je nach gewünschter Länge auf diese Weise 30–40 halbe KrK kn.

Fortsetzung Anleitung Seite 10.

4. Zum Schluss 1 KrK über beide F kn und sehr fest anziehen. F mit einer spitzen Schere knapp abschneiden und mit einem Feuerzeug verschmelzen.
5. Nun für den zweiten Teil des Verschlusses das Band ums Handgelenk legen, die Position für den Verschlussknoten markieren und dort einen festen ÜK arb. F-Enden knapp abschneiden und sofort verschmelzen.

Armband in Dunkelblau-Grau

1. 2 F-Enden mithilfe des Feuerzeugs erhitzen und verschmelzen, sodass 1 langer F entsteht. Die anderen F-Enden ebenfalls erhitzen und mit der Zange flach drücken. Dann den langen F mittig zur Schlaufe legen und in den Armband-Verschluss einhängen, wie in der Grundanleitung beschrieben. Es gehen nun 2 F ab.
2. Beide F unverdreht durch die Öffnung des zweiten Verschluss-Teils ziehen, bis die gewünschte Armbandlänge erreicht ist, welche durch den Abstand der beiden Verschlussteile bestimmt wird. Beide Verschlussteile und alle 4 F flach und unverdreht auslegen.
3. Mit dem hellgrauen F einen halben Schlag über die anderen 3 F kn, fest anziehen. Die Länge des Armbands erneut am Handgelenk testen und gegebenenfalls verkürzen oder verlängern; dafür den halben Schlag wieder öffnen.
4. Dann über die ganze Länge des Armbandes abwechselnd in Dunkelblau und Hellgrau weitere halbe Schläge kn (1 Kf, 3 Lf), diese dabei gleichmäßig ausrichten und fest anziehen.
5. Zuletzt 1 KrK kn. F fest anziehen, knapp abschneiden und verschmelzen.

Armband in Grau-Pink

1. Die F in Pink und Grau mittig kreuzweise übereinanderlegen. Den oben liegenden F einmal um den unten liegenden F wickeln.
2. 1 KroK kn, Arbeit wenden, dann einen 2. KroK kn. Den 3. KroK im Uhrzeigersinn kn, den 4. dann wieder gegen den Uhrzeigersinn. So immer abwechselnd kn, bis die gewünschte Länge erreicht ist. Die Überlappung für den Verschluss (ca. 1–2 cm) dabei mit einberechnen. Alle F knapp abschneiden und sofort verschmelzen.
3. Für den Verschluss nun die beiden Teile der Buchschraube separieren. Ca. 1 cm von einem Ende des Armbandes entfernt mit der Stricknadel zwischen die Knoten stechen und ein Loch für den Schraubenschaft aufdehnen. Den Schaft hindurchschieben, das Armband zu einem um das Handgelenk passenden Ring schließen und den Vorgang am anderen Ende des Armbandes wdh. Den Schaft durch beide Armbandenden schieben und mit der Schraube fixieren.

Lampenschirm im Retro-Look

MATERIAL:

Paracord in Grün, ø 3,5 mm, 8 x 180 cm und 1 x 260 cm lang
Paracord in Braun, ø 3,5 mm, 8 x 150 cm und 8 x 100 cm lang
2 Metallringe, ø 14 cm
Lampenfassung in Braun

SCHWIERIGKEITSGRAD: 🍪🍪
GRÖSSE: ø 14 cm, 20 cm hoch

ANLEITUNG:

1. Vom grünen 260 cm langen Paracord-F ein 16 cm langes Stück abschneiden und zum Ring legen. Er muss locker um die Fassung passen. Enden miteinander verschmelzen. In den Ring die 8 F in Grün einhängen. Es gehen somit nun 16 F mit je 90 cm Länge vom Ring ab. Richten Sie jeweils 4 F in eine Richtung aus. Dann immer zwischen 2 grünen Partien noch 2 150 cm lange, braune F einhängen.

2. Mit jeweils 4 grünen F im Abstand von 2 cm zum Ring 1 KrK arb. Ring mit den sortierten F flach auf den Tisch legen. Einen Metallring so auflegen, dass er genau mittig darüber liegt (evtl. mit Klebestreifen sichern). Alle F mit RiK am Ring ankn, dabei li und re neben den braunen F je einen 100 cm langen braunen F einhängen.

3. Mit dem grünen Paracord fortfahren: Mit jeweils 4 F 8 KrK im Abstand von ca. 2 cm untereinander arb (2 Lf, 2 Kf). Danach je 2 KrK zusammenschieben, es entstehen li und re je 4 kleine Schlaufen.

4. Die grünen F mit RiK gleichmäßig am zweiten Metallring festkn. Wichtig: Damit der Lampenschirm eine ebenmäßige Form erhält, muss die Länge der 4 gekn KrK-Stränge rundum gleich sein, ca. 17 cm.

5. Die Flächen zwischen den grünen KrK-Strängen werden nun mit Knoten aus braunem Paracord gefüllt: *Für die 1 . Füllfläche den li und re äußeren braunen F von unten nach oben durch eine grüne Schlaufe fädeln. Braune F in 2 Partien mit je 4 F teilen und je 1 KrK

arb (2 Lf, 2 Kf). Dann mit den 4 mittleren F 1 KrK kn.* Dies für die restlichen Flächen von *
bis * noch 3x wdh, dann alle braunen F-Enden ebenfalls mit RiK am 2. Metallring ankn.
6. Zum Schluss mit je 2 F ringsum dicht am Ring 4 halbe Schläge arb, dabei Lf und Kf
nach jedem halben Schlag abwechseln. Eine 2. Rd ebenso, jedoch versetzt kn. Knoten
fest anziehen, dann schrittweise die F kurz abschneiden und sofort die Enden verschmelzen. Schirm in die Fassung schrauben.

Einkaufsnetz mit Neongriff

MATERIAL:
Paracord in Neongrün, ø 4 mm, 2 x 70 cm lang
Paracord in Neonpink, ø 4 mm, 2 x 100 cm lang
Paracord in Neonorange, ø 4 mm, 2 x 100 cm lang

Sisalschnur in Natur, 32 x 200 cm, 2 x 250 cm und 2 x 25 cm lang

Außerdem:
Kartonstücke, 5 x 8 cm und 3,5 x 8 cm

SCHWIERIGKEITSGRAD:
GRÖSSE: ca. 30 x 40 cm

ANLEITUNG:
Griff (2 x)

1. Die Griffe des Einkaufsnetzes wie das blau-schwarze Paracord-Armband auf Seite 10 arb, jedoch über eine Gesamtlänge von je 35 cm. Statt des blauen F den neongrünen F verwenden. Die beiden F in Neonpink und Neonorange an einem Ende miteinander verschmelzen, sodass ein langer F entsteht; diesen wie den schwarzen F verwenden. Statt des Verschlusses mit ÜK den neongrünen Doppel-Lf am Schluss durch die Anfangsschlaufe führen, die F-Enden umschlagen und einige KrK (2 Lf, 2 Kf) arb. Die F-Enden knapp abschneiden und verschweißen.

Netz

1. Mit einem 250 cm langen Sisal-F den KrK-Band-Abschluss sowie 5 cm re und li davon dicht umwickeln, bis eine möglichst ebene Oberfläche entstanden ist.
2. Nun 16 Sisal-F mit je 200 cm Länge in die Umwickelung des Griffs einhängen und 5 R versetzte KrK arb.
3. 3 weitere R versetzte KrK arb, jedoch mit 5 cm R-Abstand. Das Kartonstück 5 x 8 cm dient mit der 5 cm Seite als Abstandshalter zu vorherigen KrK-Reihe. Dann 6 R versetzte KrK mit 3,5 cm R-Abstand kn. Das fertige Netz-Stück zur Seite legen.
4. Die Schritte 1–3 für die Rückseite wdh.
5. Die Vorder- und Rückseite deckungsgleich übereinanderlegen. Mit je 4 F der Vorder- und Rückseite 3 ganze KrK kn (4 Kf, 4 Lf), sodass 8 kurze KrK-Bänder entstehen, wie auf dem Foto zu sehen. F-Enden ca. 12–15 cm lang abschneiden.

6. Nun die äußeren F-Paare der Vorder- und Rückseite miteinander verknoten. Unten beginnend, über beide F-Paare mit dem 25 cm langen Sisal-F 1 ÜK machen. Nach oben weiterarb und alle 5 cm 1 ÜK über beide F-Paare setzen. Li und re so lange wdh, bis der Bereich 15 cm unter den Griffen verknotet ist.

Haarschmuck mit Blickfang

MATERIAL:

Spange:
1 Haarclip in Schwarz, ca. 1,5 x 4 cm
Paracord in Neongrün, ø 4 mm, 80 cm lang
Rest Bastelfilz in Hellgrün, 2,5 x 3 cm

Haarreif:
1 Haarreif aus Metall, Ober- und Unterseite glatt, ca. 3 mm breit

Paracord in Neonorange, ø 4 mm, 40 cm lang
Paracord in Neongrün, ø 4 mm, 40 cm lang
Paracord in Schwarz, ø 4 mm, 40 cm lang
Rest Bastelfilz in Hellgrün, 2,5 x 3 cm

Außerdem:
Nähnadel
Nähgarn in Hellgrün
Klebstoff

SCHWIERIGKEITSGRAD:
GRÖSSE: 4 x 3 cm (Knoten)

ANLEITUNG:

1. Pro JK 2 Paracord-F von je 40 cm Länge zuschneiden, für die Spange in Neongrün, für den Haarreif 1x in Neongrün, 1x in Neonorange. Die F zur Hälfte legen und mit den nun doppelt gelegten F je 1 JK kn.

2. Die F-Enden rückseitig knapp abschneiden, verschmelzen und dann mit etwas Klebstoff fixieren.

3. Zwei Stücke Bastelfilz oval, ca. 2,5 x 3 cm, zuschneiden und auf die Unterseiten der Knoten kleben.

Fertigstellen:

Für die Spange den JK in Grün mit passendem Zwirn entweder an der Vorderseite oder am Mittelstück des Haarclips festnähen.

Für den Haarreif die Kern-F des schwarzen Paracords entfernen und den nun hohlen Paracord-F über den Reif ziehen. Beide Enden passgenau am Haarreif abschneiden und mit dem Feuerzeug vorsichtig verschmelzen, sodass der Reif im Inneren des Paracords fixiert ist. Den JK mit passendem Nähgarn am Haarreif festnähen.

Armbänder in zartem Grau-Lila

MATERIAL:

Kreuzknotenarmband:
Paracord in Hellgrau und Lila, ø 3 mm,
je 125 cm lang

Geflochtenes Armband:
Paracord in Hellgrau und Lila, ø 3 mm,
je 140 cm lang

Beide:
Je 1 Klickschnalle in Hellgrau, 3,5 x 1,7 cm
Flachzange

SCHWIERIGKEITSGRAD: 🌑
GRÖSSE: 24 cm lang oder nach Wunsch

ANLEITUNG:

Kreuzknoten-Armband

1. Die beiden Paracord-F in Lila und Hellgrau zu einem F verschweißen. Den Klickverschluss öffnen. Das Paracord mittig gelegt in die Öse eines Verschlussteils einhängen. Der Verschmelzpunkt sollte dabei nicht in der Mitte, sondern ca. 1 cm unter der Schnalle liegen.
2. Die beiden F-Enden nun durch die Öse des zweiten Verschlussteils führen. Beide F gleichmäßig und ohne zu verdrehen ausrichten. Die Klickschnalle schließen und das Handgelenk durch die Schlaufe führen. Länge so ans Handgelenk anpassen, dass das Armband weder zu fest noch zu locker sitzt. F ggf. kurzfristig mit einem Stück Klebeband oder einer Stecknadel fixieren.
3. Verschluss vorsichtig öffnen, dabei darauf achten, dass sich die Länge nicht mehr verändert. Die 2 losen F sind Kf, die 2 durch den Verschluss geführten F sind Lf. Möglichst nah an der Öse des zweiten Verschlussteils den 1. KrK arb. Vor dem Festziehen die F zwischen den Verschlussteilen erneut ausrichten.

4. Weitere KrK arb, bis die gesamte Länge zwischen den Verschlussteilen ausgefüllt ist. Alle KrK eng zusammenschieben und 1 weiteren KrK arb.
5. Beide F-Enden auf der Armband-Rückseite knapp abschneiden und mit dem letzten KrK verschmelzen.

Geflochtenes Armband

1. Die beiden Paracord F in Lila und Hellgrau zu einem F verschweißen. Den Klickverschluss öffnen. Das Paracord mittig gelegt in die Öse des Verschlusses einhängen. Der Verschmelzpunkt sollte dabei nicht in der Mitte, sondern ca. 1 cm unter der Schnalle zu liegen kommen.
2. Die beiden F-Enden nun durch die Öse des zweiten Verschluss-Teils führen. Beide F gleichmäßig und ohne zu verdrehen ausrichten. Die Klickschnalle schließen und das Handgelenk durch die Schlaufe führen. Länge so ans Handgelenk anpassen, dass das Armband weder zu fest noch zu locker sitzt. F ggf. kurzfristig mit einem Stück Klebeband oder einer Stecknadel fixieren.
3. Verschluss vorsichtig öffnen, dabei darauf achten, dass sich die Länge nicht mehr verändert. Beide F mit je gleichem Wendeknoten an der Öse des 2. Verschlussteils befestigen.
4. Die F gerade ausrichten. Es liegen 4 F nebeneinander, 2 F in Lila rechts, 2 F in Grau links, je 1 Faden ist lose, der andere gespannt. Mit den beiden losen F wird nun um und durch die beiden zwischen den Verschlussteilen gespannten F geflochten. Dafür als Erstes die losen F je nach links legen. Den losen F des rechten F-Paares (lila) dabei unter den gespannten F des linken F-Paares (grau) legen.
5. Nun den losen F in Grau nach rechts führen. Dabei über den linken und unter den rechten gespannten F arb. Zurück nach links über den rechten und unter den linken F flechten. Die losen F liegen nun wieder beide links; straff ziehen und mit einer Hand fixieren. Mit dem lila F wdh. Das Geflecht regelmäßig ausrichten und gleichmäßig auf den beiden gespannten F positionieren. Dann wieder mit dem F in Grau wdh und so immer abwechselnd mit Grau und Lila ausführen, bis die gewünschte Länge erreicht ist.
6. Ist der Bereich zwischen den Verschluss-Teilen ausgefüllt, mit einem KrK abschließen. Beide F-Enden auf der Armband-Rückseite knapp abschneiden und mit dem letzten KrK verschmelzen.

Bunte Reißverschluss-Anhänger

MATERIAL:

Paracord in zwei Wunschfarben pro Anhänger, hier in Hellgrau und Mintgrün, Gelb und Lila, Weiß und Neonorange, Neongrün und Neonpink, Beige und Dunkelblau, ø 4 mm, pro Farbe 60 cm lang

Schlüsselring, ø 9 mm

SCHWIERIGKEITSGRAD:
GRÖSSE: 1 x 3,5 cm

ANLEITUNG:

1. Bei beiden 60 cm langen F die Kern-F entfernen, dann die F mittig über Kreuz legen, der vertikale F liegt unter dem horizontalen. Nun einen Strang aus 13 KroK kn.

2. Den Schlüsselring durch eine Schlaufe des 1. KroK fädeln und z. B. am Reißverschluss eines Rucksacks, einer Tasche oder einer Jacke befestigen.

Schlüsselanhänger "Shrimpy"

MATERIAL:

Paracord in Neonorange, ø 4 mm, 120 cm lang
Paracord in Neonpink, ø 4 mm, 120 cm lang
Paracord in Neonorange, ø 1,6 mm, 22 cm lang
Holzkugel mit Bohrung, ø 25 mm
Holzkugel mit Bohrung, ø 20 mm
Schlüsselring, ø 3 cm
Acrylfarbe in Schwarz und Weiß
Pinsel

SCHWIERIGKEITSGRAD:

GRÖSSE: 2 cm breit, 15 cm lang (gestreckt)

ANLEITUNG:

1. Beide Holzkugeln vollständig mit schwarzer Acrylfarbe bemalen, gut trocknen lassen. Dann mit der weißen Acrylfarbe die Details der Augen aufmalen, wie auf dem Foto zu sehen, trocknen lassen.

2. Die Holzkugeln mittig auf das Paracord in Neonorange (ø 4 mm) auffädeln. Den Paracord-F in Neonpink zwischen den beiden Holzkugeln doppelt gelegt am orangefarbenen F einhängen, sodass nun 2 F in Neonpink abgehen. Mit diesen nach ca. 2-3 mm je 1 ÜK machen, beim li F den ÜK von re nach li beginnend, beim re F den ÜK von li nach re beginnend ausführen.

3. Nun das Paracord in Neonorange (ø 1,6 mm) mittig zwischen Einhängung und den 2 ÜK um den pinkfarbenen F legen und mit 1 ÜK fixieren. Diese beiden F bilden die Fühler des Shrimps.

4. Das Werkstück so positionieren, dass die Holzkugeln vorne und die in Schritt 2 gearb ÜK hinten liegen. Die beiden pinkfarbenen F sind nun Lf, die orangefarbenen sind Kf. 1 KrK arb. Den Schlüsselring über beide pinkfarbenen F fädeln.

5. Mit den beiden pinkfarbenen F je 1 ÜK wie in Schritt 2 kn, mit 1 KrK in Orange fixieren. Dies noch 4 x wdh.

6. Nun 1 ÜK mit einem der pinkfarbenen F kn, mit einem KrK in Orange fixieren, dabei den 2. F in Pink einkn. So noch 2 x wdh.

7. Zum Schluss 3 KrK arb. Die F in Orange abschneiden und vorsichtig verschmelzen. Die beiden pinken F so zuschneiden, dass ein F 6 und der andere 7 cm lang hängen bleibt; ebenfalls verschmelzen.

TIPP Es macht nichts, wenn die Augen unterschiedlich groß und unterschiedlich bemalt sind, denn das verleiht Shrimpy diesen sympathischen und lustigen Gesichtsausdruck!

Raffiniertes Armband

MATERIAL:

Paracord in Schwarz, ø 4 mm, 1 x 60 cm und 1 x 100 cm lang
Paracord in Weiß, ø 4 mm, 100 cm lang
Paracord in Türkis-Pink, ø 4 mm, 100 cm lang

SCHWIERIGKEITSGRAD:
GRÖSSE: 21 x 2 cm

ANLEITUNG:

1. Die Paracord-F in Schwarz und Weiß (je 100 cm lang) mithilfe eines Feuerzeugs an je einem Ende verschmelzen, sodass ein 200 cm langer F entsteht. Dieser wird zum Kf, der 60 cm lange F zum Lf und der F in Türkis-Pink zum Effektfaden (Ef). Der Ef wird während des Knüpfens mitgeführt und in die einzelnen KrK eingearb.
2. Den schwarzen 60-cm-F mittig zur Schlaufe legen. Den zweifarbigen F so darunter legen, dass der Verschmelzpunkt mittig unter der Schlaufe liegt. Nach ca. 2 cm mit dem zweifarbigen F den 1. halben KrK arb. Noch nicht ganz festziehen. Durch die seitliche Schlaufe des KrK den Ef in Türkis-Pink von vorne nach hinten fädeln und 10 cm weit durchziehen.
3. Einen weiteren halben KrK arb und vor dem Festziehen das lange F-Ende des Ef von außen zur Mitte durch die gebildete Schlinge führen. Den KrK fest anziehen und den Ef gleichmäßig ausrichten.
4. Diesen Vorgang 26 x oder bis zur gewünschten Armbandlänge wdh.
5. Nun das 10-cm-Ef-Stück (Schritt 2) straff nach hinten ziehen, abschneiden und mithilfe des Feuerzeugs vorsichtig mit dem 1. KrK verschmelzen. Diesen Schritt mit dem anderen Ef-Ende sowie auch mit den beiden Kf-Enden wdh.
6. Mit dem Lf 1 festen ÜK als 2. Verschlussteil machen. Hierfür das Armband zuerst messen, indem die beiden Lf durch die am Anfang gebildete Schlaufe geführt werden. An gewünschter Stelle den ÜK arb, die beiden F-Enden knapp abschneiden und verschmelzen.

TIPP Das Armband lässt sich auch hervorragend als Wende-Armband tragen. Beide Seiten haben unterschiedliche Effekte! Je nachdem, wie der Effektfaden durch die Kreuzknoten geführt wird, entstehen verschiedene Looks! Einfach experimentieren!

Kleine Statement-Kette

MATERIAL:

Paracord in Weiß, ø 4 mm, 45 cm lang
Paracord in Smaragdgrün, ø 4 mm, 100 cm lang
5 Metallperlen in Silber,
ø 10 mm, ø Loch 3,5 mm
Magnetverschluss in Schwarz matt für
Bänder mit ø 4 mm
Stecknadel
Heißkleber

SCHWIERIGKEITSGRAD:

GRÖSSE: Umfang individuell,
Grüner Teil ca. 11 cm breit,
4,5 cm hoch

ANLEITUNG:

1. Das Paracord in Weiß mit zwei Nadeln horizontal auf einer Knüpfunterlage befestigen. Das Paracord in Grün mittig am weißen F einhängen.

2. Mit den beiden grünen F-Enden re und li der Einhängung je 2 Wendeknoten kn. Dafür die Knüpfunterlage ggf. jeweils in die Vertikale drehen, so gehen die Wendeknoten leichter von der Hand. Die Wendeknoten nicht zu straff anziehen, sodass Schlaufen zwischen den Knoten entstehen.

3. Nun in die Schlaufen eine 2. R Wendeknoten vom Rand zur Mitte kn. Dabei in jede neue Schlaufe 1 Perle einfädeln. Die 2. R besteht aus 4 Wendeknoten.

4. Knüpfunterlage ggf. wieder in die Horizontale drehen. Dann die letzte Perle auf ein grünes F-Ende auffädeln und mit einer Stecknadel auf der Unterlage fixieren. Für die mittlere Schlaufe die grünen F-Enden miteinander verschweißen, die Schlaufe dabei als Mittelstück etwas größer als die restlichen arb. Die Perle von der Stecknadel lösen und über den Verschmelzpunkt schieben.

5. Nun die Gesamtlänge der Kette messen. Die beiden weißen F-Enden auf die gewünschte Länge kürzen und jeweils verschmelzen, dabei darauf achten, dass sich der F-Durchmesser nicht ändert. In beide Teile des Magnetverschlusses vorsichtig und wenig Heißkleber geben und die Paracord-Enden darin fixieren.

Handtaschenriemen im Ethno-Look

MATERIAL:

Paracord in Weiß, Gold, Pink, Hellblau, Schwarz und Braun, ø 1,6 mm, je 1 x 100 cm und 4 x 50 cm lang

3 Messsinghülsen bzw. Abstandshalter, ø außen 10 mm, ø innen 8 mm, 20 mm lang

3 Schlüsselringe aus Messing, ø 20 mm
Handtasche in Braun mit dünnem Riemen
Schraubendreher mit Flachkopf
Küchengarn, 30 cm lang

SCHWIERIGKEITSGRAD:
GRÖSSE: Tasche ca. 22 x 18 cm

ANLEITUNG:

1. Mit einem 100-cm-F in Weiß an einem Ende des Handtaschenriemens beginnend 20 KrK kn, dabei dient der Handtaschenriemen als Lf. Nach dem letzten KrK die Paracord-F nicht zu knapp abschneiden, mit einem Feuerzeug vorsichtig verschmelzen und das verschmolzene Material zügig mit dem flachen Schraubendreher fest auf den letzten KrK pressen, sodass es dort als Abschluss haften bleibt.

2. Schritt 1 mit den 100-cm-F in Gold, Pink, Hellblau, Schwarz und Braun wdh. Reihenfolge und Farben können beliebig variiert werden.

3. Nun für die Quasten jeweils 4 50-cm-F zweier beliebiger Farben miteinander kombinieren, z. B. Gold mit Schwarz, Pink mit Weiß und Hellblau mit Braun. Die 8 F doppelt legen, das Küchengarn durch die Schlaufe führen, beide Küchengarn-Enden gut festhalten und Küchengarn mit Schlaufe durch die Messinghülse ziehen.

4. Den Schlüsselring in die Schlaufe fädeln und alle F gut festziehen. Die Messinghülse so platzieren, dass sich die Schlaufe nach etwa der Hälfte der Länge gleichmäßig zusammenzieht. F-Enden nach Geschmack kürzen, Enden verschmelzen.

TIPP Beim Umknüpfen kann mit vielen verschiedenen Techniken gearbeitet werden, z. B. ausschließlich mit halben Kreuzknoten, sodass eine Spirale entsteht, oder mit zusätzlichen Effektschnüren, die beim Knüpfen in die Kreuzknoten eingefädelt werden. Gehen die Riemen der Tasche einmal kaputt, diese einfach durch entsprechend lange Kreuzknoten-Bänder ersetzen.

Hippe Hülle fürs Glas

MATERIAL:

Paracord in Türkis-Weiß, ø 4 mm, 1 x 120 cm,
17 x 100 cm, 1 x 25 cm (bzw. Umfang Glas) lang
Glas mit geraden Wänden, ø 7 cm, 9 cm hoch

SCHWIERIGKEITSGRAD:
GRÖSSE: Höhe 9 cm, ø 7 cm

ANLEITUNG:

1. Die 17 F mit 100 cm Länge am 120-cm-F einhängen. Jeweils sehr straff festziehen, dabei auf dem 120-cm-F mittig und so eng wie möglich nebeneinander ausrichten.
2. Mit den nun 36 F (17 eingehängte + die beiden Enden des 120-cm-F) 11 Rd versetzte KrK arb. Dabei die beiden F-Enden des 120-cm-F in der 1. Rd einkn, dadurch wird die Arbeit zum Ring geschlossen. Ab der 5. Rd das Glas in den entstehenden Schlauch einsetzen und um es herum kn, so wird die Arbeit gleichmäßiger.
3. Den 25-cm-F um die Glasöffnung legen, ggf. kürzen und mithilfe eines Feuerzeugs die Enden zu einem Ring verschmelzen.
4. Das Glas aus dem KrK-Schlauch entfernen. Den Ring an der letzten KrK-Rd ausrichten und wie folgt einarb: Den li der beiden Lf eines beliebigen KrK mit 1 Wendeknoten eng an den Ring kn. Den re der beiden Lf auf die Innenseite des Schlauchs führen. Beide F nach 1 cm abschneiden und mit einem Feuerzeug die F-Enden vorsichtig miteinander verschmelzen. Beide F auf der Schlauchinnenseite positionieren.
5. Schritt 4 mit allen weiteren nebeneinanderliegenden F-Paaren wdh. Es werden abwechselnd 2 Lf und 2 Kf miteinander verbunden. Das Glas wieder in den Schlauch einsetzen.

TIPP Mit dieser Technik können nahezu alle Formen umknüpft werden. Um die benötigte Länge der Fäden zu ermitteln, empfiehlt es sich, zunächst ein Test-Stück zu arb.

Impressum

ISBN: 978-3-625-17445-5

www.naumann-goebel.de

Grundanleitung: Mara Engel
Modelle: Mara Engel (S. 11), Annemarie Arzberger und Manuel Obriejetan, www.hallodribums.com (alle weiteren)
Fotos und Illustrationen: Ullrich Alber (alle Modellfotos), Elisabeth Galas, Bad Breisig (Knotenillustrationen S. 3-8),
© cristi180884 – Fotolia.com (Paracord, S. 3)
Redaktion: Beeke Heller

Dieses Buch ist Teil des Sets „Kreativset Paracord" und darf nicht einzeln verkauft werden. Materialangaben und Arbeitshinweise in diesem Buch wurden von den Autorinnen und den Mitarbeitern des Verlags sorgfältig geprüft. Eine Garantie wird jedoch nicht übernommen. Autorinnen und Verlag können für eventuell auftretende Fehler oder Schäden nicht haftbar gemacht werden. Das Werk und die darin gezeigten Modelle sind urheberrechtlich geschützt. Die Vervielfältigung und Verbreitung ist, außer für private, nicht kommerzielle Zwecke, untersagt und wird zivil- und strafrechtlich verfolgt. Dies gilt insbesondere für eine Verbreitung des Werkes durch Fotokopien, Film, Funk und Fernsehen, elektronische Medien und Internet sowie für eine gewerbliche Nutzung der gezeigten Modelle. Bei Verwendung im Unterricht und in Kursen ist auf dieses Buch hinzuweisen.